UNIVERSITÉ DE TOULOUSE

RAPPORT

PRÉSENTÉ A LA FACULTÉ DE DROIT

AU NOM DE LA COMMISSION CHARGÉE D'ÉTUDIER

LES CONSÉQUENCES QUE DOIT AVOIR LA RÉFORME PROJETÉE DU BACCALAURÉAT

QUANT A L'ORGANISATION DES ÉTUDES DE DROIT

Par M. HOUQUES-FOURCADE

PROFESSEUR A LA FACULTÉ

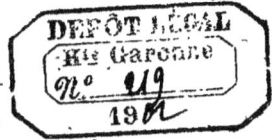

RAPPORT

Présenté à la Faculté de Droit le 28 avril 1902 [1]

MESSIEURS,

I. — Il y a de longues années que les Facultés de droit n'ont eu à trancher une question aussi grave que celle sur laquelle elles sont appelées à se prononcer. Ce n'est pas qu'elles n'aient eu à réaliser dans leur enseignement, depuis vingt ans, les plus importantes réformes : la réorganisation des études de licence d'abord, puis l'institution du doctorat ès sciences politiques et économiques, et enfin la séparation, si féconde, des divers ordres de l'agrégation de droit, modifiaient de plus en plus la physionomie traditionnelle de cet enseignement, en élargissant ses cadres. Et par cette extension de nos programmes, d'une part, nos Écoles, sans se dépouiller d'un caractère qu'elles n'auraient pu répudier qu'en manquant à leur raison d'être naturelle et originaire, affirmaient leur souci d'allier aux études techniques, qui sont la préparation nécessaire à l'exercice des diverses fonctions judiciaires et administratives, ces re-

---

(1) La Commission était composée de MM. Campistron, Mérignhac et Houques-Fourcade, professeurs, M. A. Deloume, Doyen de la Faculté, membre de droit, et M. Maria, agrégé, appelé à titre consultatif par la Commission.

cherches plus spécialement scientifiques et dont
on ne saurait vouloir dire que leur intérêt social
est moindre, même quand on dit qu'elles sont
désintéressées. D'autre part, elles accordaient à
ce principe envahisseur de la spécialisation, qui
a pénétré aussi profondément la science que l'industrie, toutes les satisfactions qui leur parais-
saient compatibles avec le maintien d'une certaine
unité, c'est-à-dire qui, tout en offrant aux préoc-
cupations légitimes de l'esprit la liberté de se
donner carrière à travers le champ de la science
sociale, n'étaient pas néanmoins de nature à di-
viser nos étudiants en catégories, soit sous le rapport de leur formation intellectuelle, soit surtout
sous le rapport des carrières diverses auxquelles
des diplômes différents donneraient accès. Ainsi,
la riche variété des disciplines qui constituaient
désormais notre enseignement n'empêchait pas
que l'origine de tous nos élèves fût la même, leur
passé scolaire identique, et qu'il n'existât entre
eux d'autres inégalités que celles qui étaient dues
à leur travail antérieur ou à leurs aptitudes naturelles.

Mais on vous demande précisément aujourd'hui
si, par suite de la refonte projetée des études de
l'enseignement secondaire, vous ne pensez pas
que cette uniformité des études de droit ait vécu,
et on vous invite à dire quelle répercussion, à
votre avis, l'une devra avoir sur l'autre.

Il ne semble pas, en effet, qu'on ait attendu que
vous exprimiez votre sentiment au sujet du libre
accès qu'on se propose d'accorder indistinctement
dans nos Facultés à tous les futurs bacheliers,
qu'ils aient reçu l'équivalent de l'enseignement
classique actuel ou qu'ils n'aient aucunement ap-
pris le latin, comme ceux qui parviendront au grade
avec la mention sciences-langues vivantes. L'idée
égalitaire qui a fini par amener la fusion des deux

baccalauréats en un grade unique à formes mul-
tiples et la réconciliation forcée de ces frères en-
nemis, a paru devoir faire écarter toute discussion
sur ce point : on eût trop risqué de replacer certains des bacheliers dans l'état d'infériorité auquel
on voulait les soustraire, si on avait persisté à les
écarter de l'enseignement supérieur. Mais, quelque soin qu'on ait pris de vous dispenser de sta-
tuer sur la question préliminaire et fondamentale
de cette équivalence des grades, la solution qu'on
a paru vouloir mettre au-dessus de toute contro-
verse ne devait pas moins éveiller vos préoccupa-
tions, et c'est bien le moins que vous puissiez en
faire parvenir l'écho à ceux à qui incombera la
responsabilité de sa consécration officielle, d'autant que vos vues à ce sujet ne sont pas autres
que celles qui peuvent motiver l'avis que vous
avez à donner.

Or, au point de vue scientifique, et dès lors que
le baccalauréat doit rester toujours, en dépit de
certaines réclamations, la seule clef qui ouvre
l'enseignement supérieur, il a paru à votre Commission tout entière qu'il était grave d'en laisser
le libre accès même à ceux qui ne seraient qu'in-
suffisamment préparés à le suivre. Si vraiment
les études qui mènent au grade sont conçues
comme ayant une vertu éducatrice que rien ne
saurait remplacer, si la culture qu'elles impliquent
paraît à ce point indispensable que les plus bril-
lants élèves des écoles primaires supérieures ou
des écoles spéciales, même de l'école Centrale ou
de l'école Polytechnique, ne soient pas jugés
comme tels en posséder l'équivalent, ce ne pour-
rait être que parce qu'il existerait un rapport
vraiment nécessaire entre ce préalable et l'enseignement auquel il permet de s'élever. A-t-on donc
démontré, comme il l'eût fallu, que la connaissance des sciences proprement dites et de plu-

sieurs langues vivantes fût réellement propre à préparer à l'étude du droit, alors que d'autres qui en sont bien plus voisines, comme celles des écoles de commerce, ou qui sont bien autrement approfondies, comme celles qu'on acquiert dans les grandes écoles, continueraient à se voir dénier cette propriété? Sans apporter la moindre passion et le plus petit parti-pris dans la querelle des classiques et des modernes, n'est-on pas autorisé à se demander si l'esprit géométrique ou la faculté d'observation particulière que développeront les mathématiques, la physique ou la chimie, sont à eux seuls de nature à favoriser réellement l'essor de ce sens très spécial qu'est le sens juridique, au même titre que l'histoire et la philosophie? Et est-ce juste alors que la science du droit semble devoir perdre de son caractère rigoureusement logique et abstrait et que la méthode attend d'elle qu'elle aille de plus en plus plonger ses racines dans la matière sociale vivante, qu'il faut croire qu'on puisse utilement s'y adonner avec une culture exclusivement scientifique? Il est fort permis d'en douter. Et, sans prêter au grec ou au latin des vertus imaginaires, on ne voit pas bien comment certains développements, dont la claire compréhension suppose un sens historique et critique que les humanités donnaient seules à un réel degré, se présenteront devant ceux que les langues vivantes, l'algèbre ou les sciences naturelles n'auront que très peu préparés à en saisir l'exacte portée. On objectera peut-être qu'une intelligence droite et bien constituée est apte à tout comprendre et qu'il n'y a pas de cloisons dans la pensée humaine. Mais on voudra bien expliquer alors pourquoi l'on conserve comme condition à l'accès des carrières libérales la « superstition » du baccalauréat.

Mais c'est du point de vue social, Messieurs, que l'innovation projetée me paraît, quant à moi, particulièrement critiquable. Il faut bien qu'on s'en souvienne : la réorganisation de l'enseignement secondaire devait avoir pour objet, dans les idées de ceux qu'inquiéta le plus la crise de cet enseignement, d'en orienter de plus en plus les études vers les fins utilitaires à la poursuite desquelles les humanités ne fournissaient, disait-on, qu'une préparation par trop insuffisante. L'encombrement des professions libérales, l'abandon du commerce et de l'industrie, la chasse à la fonction publique, l'affaissement de l'initiative dans un monde où l'esprit d'entreprise n'a pas encore abdiqué les droits qu'on lui conteste, tels étaient les maux que devait s'efforcer de guérir la réforme. On nous vantait l'exemple de certains peuples étrangers : il fallait calquer l'anglo-saxon, et on s'y essayait dans des écoles privées, destinées à servir de modèles à nos lycées et à nos collèges. Mais tout ce mouvement va-t-il aboutir dans une direction justement opposée à celle vers laquelle il était si nettement, et parfois avec tant d'exagération, dessiné, et sera-ce donc pour inculquer aux nouvelles générations le goût du travail lucratif et des occupations réellement productives, dont celle d'aujourd'hui se détournait trop, qu'on va leur accorder, pour s'en éloigner à leur tour, des facilités que leurs devancières n'auront pas eues ? Parce que, de l'aveu commun, il y a déjà trop de licenciés de tous ordres, faudra-t-il que nos Facultés les multiplient, et qu'au besoin on crée de nouveaux grades à l'intention de ceux à qui les anciens ne seraient pas assez accessibles ? Et sera-ce pour récompenser tous les efforts, d'ailleurs encore trop mesurés, faits en France, au cours des vingt dernières années, pour constituer un enseignement supérieur agricole, commercial, industriel ou colonial, qui fût la pépinière de nos producteurs, c'est-à-dire de ceux-là seuls qui, par leurs affaires, alimentent les sources de nos insatiables budgets, qu'on suscitera à leurs diplômes une concurrence inégale, en se servant du prestige du titre de licenciés pour attirer plus sûrement la jeunesse vers les nouveaux, et en y attachant certaines prérogatives parmi lesquelles on prisera surtout celle de devenir fonctionnaire?... Et cependant certains des défenseurs de l'extension de la licence à de nouvelles couches d'étudiants croient de bonne foi servir les intérêts économiques du pays, en les admettant à participer aux bienfaits de l'enseignement supérieur. Mais trop évidemment, c'est un enseignement supérieur *approprié* à leur formation antérieure comme à leur avenir commercial ou industriel qui leur est seul utile, et ce n'est pas dans celui de nos écoles, pour lequel elles ne sont pas préparées et qui n'est pas adapté à leur objectif, qu'elles trouveront celui qu'il leur faut.

II. — Voilà quelles graves objections nous eussions opposées à l'accession des bacheliers de tous ordres à la licence en droit, si on nous avait consultés à ce sujet. Mais c'est pour le cas, Messieurs, où cette accession devrait être considérée comme un fait acquis, conformément à la supposition même de la circulaire ministérielle qui vous a saisis, que vous devez rechercher de quelle conséquence elle devrait être relativement à l'organisation de notre enseignement et de nos grades : cette organisation restera-t-elle ce qu'elle est, ou convient-il de l'adapter à l'innovation que l'on décrète?

La majorité de votre Commission s'est fermement prononcée, quant à elle, en faveur du *statu quo*. Mais une autre tendance s'est fait jour dans son sein, comme dans les écrits qu'a déjà suscités ce grave débat, et deux de ses membres se sont déclarés partisans, soit, pour l'un, d'un assouplissement des programmes, soit même, pour l'autre, d'une dualité de grades et d'enseignements, qui, sans exclure une certaine communauté d'études, seraient appropriés à la nature différente des divers compartiments du baccalauréat. C'est qu'en effet il est possible, tout en s'inspirant d'une même pensée, de modifier de deux manières assez différentes le système qui nous régit, et il faut les examiner successivement pour bien juger toute la valeur de ce dernier.

Or l'innovation qui s'en écarte le moins consisterait, sans toucher à l'unité du grade de la licence en droit et sans introduire par suite la moindre distinction entre les licenciés sous le rapport des carrières à l'entrée desquelles il est exigé, à généraliser le système des options, appliqué pour la première fois par le décret du 24 juillet 1889. Par là, peut-on dire, nos programmes achèveraient de perdre de leur ancienne rigidité : à des catégories toutes différentes d'étudiants, ils offriraient désormais un choix d'enseignements entre lesquels chacun serait librement admis à se prononcer, en raison soit de son instruction acquise ou de ses facultés, soit de ses projets d'avenir. Sans toucher aucunement à la nature ou à la durée des études de droit civil, considérées toujours comme la base fondamentale de l'enseignement, sans abréger celle du droit romain, qui conserverait intégralement ses trois semestres obligatoires, si l'on estime qu'elle est l'un des plus puissants instruments de la formation de l'esprit juridique, on devrait toutefois faire une place de plus en plus large aux études politiques et économiques à côté des disciplines de droit pur, et, en permettant à nos élèves de se tourner de préférence vers les unes ou les autres, étendre ainsi à la licence ce régime si libéral du doctorat, qui semble bien plutôt avoir élevé le ni-

veau des études, précisément parce qu'il servait
en même temps les intérêts de carrière.

Mais ces propositions séduisantes n'ont pas
trouvé faveur auprès de la majorité de votre
Commission. D'une part elle ne pouvait pas oublier comment a toujours fonctionné dans la réa-
lité ce système de l'option, théoriquement si dé-
fendable. L'objet même des cours influe-t-il sur
le choix des élèves autant que le nom des maîtres,
c'est-à-dire, pour parler tout franc, que leur répu-
tation d'indulgence ou de sévérité à l'examen, ou
même, plus simplement encore, que le semestre,
d'hiver ou d'été, pendant lequel ils sont faits?
Les sceptiques ne seront pas seuls à en douter.
Et n'est-ce pas, jusqu'à un certain point, pour
mettre fin à la défaveur dont le droit administra-
tif paraissait devoir être victime, à raison de ses
difficultés, dans l'organisation du nouveau doctorat, qu'il a fallu enlever le choix qu'on leur avait
laissé, entre le droit international public et lui,
à des candidats qui auraient dû pourtant, par
leur âge, être plus soucieux que leurs jeunes ca-
marades de leurs véritables intérêts et plus aptes
à les comprendre? D'autre part, à supposer même
que ce choix dût être toujours parfaitement
éclairé, il serait encore permis de craindre que la
multiplicité des termes entre lesquels il serait susceptible de s'exercer ne compromît par trop l'unité
nécessaire des études qu'implique la possession de
notre diplôme. S'il a en effet une réelle significa-
tion, c'est en tant seulement qu'il constitue le
certificat officiel d'une certaine formation de l'esprit, c'est-à-dire d'une certaine aptitude à résou-
dre des questions d'un ordre déterminé suivant
une méthode définie. Mais qui voudrait précisément soutenir que tous les enseignements sont
également propres à contribuer à cette formation?
Ceux qu'on a choisis pour constituer le programme

de la licence n'ont-ils pas été, au contraire, jugés les plus capables d'y concourir? Qu'on prétende que ce jugement doive être revisé, à merveille ; mais comment remettre à de jeunes intelligences, totalement ignorantes de ce qui convient le mieux à leur éducation scientifique, le soin de le prononcer pour elles-mêmes, et de refaire entre les matières les plus diverses un triage sur lequel les maîtres les plus autorisés ont tant de peine à s'entendre? Au surplus, c'est précisément pour prévenir ces erreurs fatales, et parce qu'on ne peut pas échapper à la préoccupation d'astreindre tous les jeunes gens à passer par les cours auxquels on reconnaît cette vertu particulière, que les partisans du système de l'option ont proposé, soit de ne le faire fonctionner qu'à partir de la 2e année de scolarité, soit de limiter à quelques-uns seulement les termes entre lesquels on aurait la liberté de choisir. C'est ainsi notamment que, d'après certains projets, ce ne serait qu'après une année d'étude du droit romain qu'on serait admis à s'en affranchir pendant les quatre mois suivants, apparemment juste à l'instant où la continuation de cette étude serait susceptible de lui faire porter tous ses fruits. Mais ce ne sont là, à nos yeux, que des palliatifs, d'ailleurs inefficaces, des vices mêmes qui sont inhérents à cette organisation. Et vainement essayerait-elle de se recommander du précédent de la scission du doctorat : car, non seulement cette scission porte, on peut le dire, sur des études de luxe, c'est-à-dire qui supposent déjà une formation préliminaire et un bagage de connaissances déjà acquises, en telle sorte que la spécialisation ne présente plus alors aucun inconvénient, mais elle s'est opérée franchement entre deux ordres d'enseignement tout à fait distincts, le droit privé et les sciences politiques ou économiques, et chacun d'eux présente un bloc sur lequel le caprice individuel reste impuissant à produire une altération sérieuse.

III. — Aussi bien pourrait-on plutôt songer à se prévaloir de ce précédent, dans une seconde conception, qui a été également défendue parmi nous, et suivant laquelle il ne s'agirait de rien moins que de faire pénétrer jusque dans la licence le principe dualiste déjà consacré pour le régime du doctorat. La spécialisation des études ne saurait être moins bonne, prétend-on, pour les trois premières années de droit que pour les deux dernières. Elle reste toujours la condition même d'une préparation parfaitement adéquate à la nature de la fonction que l'étudiant remplira plus tard dans la société. Tous n'ont pas indistinctement le même besoin de posséder les mêmes notions, à quelques carrières qu'ils se destinent : la diversité de ces dernières crée tout au contraire des exigences spéciales, auxquelles doit venir s'adapter l'hétérogénéité des enseignements. Un administrateur colonial ou un consul ne doivent pas être doués du même savoir qu'un avocat ou un conseiller de Cour d'appel. Et c'est sur ces très simples constatations que repose le dédoublement du doctorat. Mais comment alors celui de la licence n'apparaîtrait-il pas plus encore comme une nécessité, lorsqu'on verra dans nos amphithéâtres à la fois les successeurs de nos étudiants actuels et ceux qui, avec une préparation d'un caractère plus moderne, auront aussi d'autres projets? C'est pour ces derniers qu'il faut instituer un enseignement spécial, d'un ordre moins juridique, ne supposant pas la même formation antérieure au point de vue historique, et résolument orienté vers les connaissances économiques ou administratives. Si ses éléments constitutifs restent à déterminer exactement; le principe même de son existence doit être mis hors de cause. C'est un pas nouveau, soutient-on, à faire dans une voie où l'on s'est déjà engagé, et il faut le faire hardiment, sans se laisser arrêter par une unité qui n'est qu'un mot, ou par une tradition qui ne saurait entraver la marche de la société, en lui refusant les moyens d'action indispensables. La licence économique, ou tout au moins avec mention sciences économiques et politiques, sera le très utile complément de la licence juridique et le pendant naturel du doctorat déjà institué. Et cette création montrera une fois de plus que, contrairement à une prévention pure, nos Facultés savent marcher avec le progrès.

Mais vous considérerez certainement avec nous, Messieurs, que vous avez bien moins à vous défendre contre des griefs dont de bons juges savent la vraie valeur, qu'à sauvegarder les intérêts scientifiques et sociaux dont vous avez reçu le dépôt. Or, tout d'abord, que la réforme récente du doctorat n'ait nullement pour corollaire logique une réorganisation correspondante de la licence, rien ne le prouve mieux que les garanties mêmes dont, de toutes parts, on entendit entourer la première. C'est à la condition, fut-il formellement expliqué, qu'il subsiste toujours une base commune d'études que le dédoublement sera sans danger : mieux vaudrait y renoncer de suite, si des grades entre lesquels on veut maintenir une parfaite équivalence ne supposaient pas le même minimum de ces notions sans lesquelles il n'est vraiment pas permis de prétendre à la connaissance du droit. A la dualité des doctorats doit répondre l'unité intangible de la licence : c'est par cette affirmation précisément inverse qu'on répondit à l'avance aux arguments de ceux qui viennent réclamer aujourd'hui le dédoublement de celle-ci. Et c'est encore dans cette même pensée, peut-être poussée jusqu'à l'exagération, que le cumul des deux doctorats eux-mêmes fut exigé des futurs candidats à l'agrégation. Or voici que c'est dès la première année qu'on propose d'établir une bifurcation entre les aspirants à la licence !

À vrai dire, on a éprouvé quelques sérieuses difficultés à constituer d'une façon précise les deux groupements d'études entre lesquels ils auraient dorénavant à opter. Les programmes de la licence « moderne » ont succédé aux programmes, et ils n'ont même pas conservé entre eux ce degré de ressemblance ou tout au moins cet air de famille qu'on aurait pu espérer de leur commune origine. Chose remarquable, en dépit de leur idée primitive, leurs auteurs se voyaient contraints d'y réintroduire, un à un, les enseignements qu'ils en avaient d'abord bannis comme devant rester propres à la licence ancienne, et finalement, de concession en concession, leur proscription arrivait à ne plus peser que sur le droit romain ! Mais il devenait ainsi de plus en plus permis de se demander si cette licence nouvelle gardait bien une raison d'être et à quels besoins spéciaux elle se proposait de parer, puisque, si nos étudiants actuels apprennent le droit de Rome, ils n'ont plus guère l'occasion de l'appliquer. Et se fût-on, au reste, montré plus résolument sévère envers les enseignements qu'on avait d'abord condamnés, eût-on vraiment constitué le nouveau grade avec une physionomie qui fût bien à lui, un objet et des prérogatives qui n'appartinssent pas à d'autres, qu'il n'aurait pas été défendu de rechercher encore quelles étaient donc ces carrières à l'accès desquelles il devrait être exigé désormais, à l'exclusion de tous ces diplômes, délivrés par les écoles spéciales les plus diverses, et dont l'obtention implique presque toujours des connaissances plus variées ou plus spécialisées, ou en concurrence avec eux.

C'est que, jusqu'ici du moins, nul ne propose d'attacher les mêmes sanctions à la licence en droit ordinaire et à celle qui coexisterait avec elle. Sans marquer toujours avec netteté le départ qu'il n'eût pourtant pas été inutile de faire entre les débouchés de l'une et de l'autre, on veut bien convenir que certaines carrières, comme celles de la magistrature et du barreau, devraient rester fermées aux titulaires du nouveau diplôme, puisqu'ils n'auraient pas justifié des mêmes études que celles qu'on exige des licenciés actuels. Mais le fait qu'on s'est ordinairement abstenu de préciser quelle serait l'exacte portée de cette exclusion suffirait à lui seul à montrer les difficultés auxquelles on se heurtera lorsqu'on en viendra à le faire. Non seulement, en effet, il sera peut-être bien plus malaisé qu'on ne l'imagine de répartir toutes les carrières en deux groupes, suivant la nature de la licence qui y donnera accès, et de ne pas établir, comme le voudrait logiquement le principe de la spécialisation, de communication de l'un à l'autre, mais plus cette répartition sera faite et maintenue avec rigueur, plus grands seront l'infériorité et le discrédit dont sera frappé dès l'origine le nouveau titre, et plus vite on sera porté à n'y voir qu'une licence du second degré. Or consultez l'expérience qu'on a faite à cet égard pour le baccalauréat. Si le baccalauréat moderne a déçu tous les espoirs qu'on avait mis en lui, c'est parce que, malgré la similitude des titres et les prétentions de ses organisateurs, qui, contre l'idée même de son institution, s'étaient appliqués à en faire une contrefaçon de l'autre, on avait persisté à lui refuser les mêmes faveurs, et notamment l'accès à l'enseignement supérieur. Précaution vaine, et condamnée à le rester, on le voit bien aujourd'hui ! Pour lui redonner le crédit dont il avait été privé dès sa naissance, il va falloir,

après l'avoir débaptisé, l'assimiler à l'autre, au
point de le confondre avec lui, sous le rapport qui
importe le plus aux familles, celui des prérogatives. Et c'est l'usage qu'il pourra faire de ses
titres nouveaux que nous discutons en cet instant.
Mais l'histoire de la licence que l'on propose ne
serait pas différente : elle se ferait elle aussi très
modeste à l'origine, pour faire ensuite plus sûrement valoir ses droits à être remise sur le pied
d'égalité avec celle dont on l'aurait d'abord dis-
tinguée. Et ce n'est certes pas le sentiment public
qui demeurerait longtemps favorable au maintien
de cette distinction : il cesserait vite de comprendre que, des jeunes gens sortis d'une même Faculté
et porteurs d'un même diplôme, avec, il est vrai,
des qualifications entre lesquelles les initiés seuls
feraient des différences, les uns fussent cantonnés
dans certaines fonctions ; tandis que les autres
auraient libre accès, ou à toutes, ou seuls en tout
cas à celles qui seront de longtemps les plus nom-
breuses ou les plus enviées, les fonctions judiciaires. Il réclamerait, comme pour le baccalauréat, l'assimilation des licences, et, il faut l'avouer,
elle serait d'autant plus dans la logique de la
situation que, justement, pour éviter une trop
grande inégalité entre les deux catégories de gra-
dués, on aurait multiplié, comme déjà on le propose, les études communes.

IV. — Il a donc paru à la majorité de votre Commission, Messieurs, que mieux valait faire de suite
l'économie de ces réformes successives et ne pas
se cacher où l'on va. Le seul système vraiment
logique lui a semblé être celui qui, prenant pour
base le principe de l'égalité absolue des baccalauréats ou plutôt de la fusion de tous en un seul,
maintenait entière cette égalité jusqu'au bout et
autorisait indistinctement tous les bacheliers, à
faire les mêmes études, pour obtenir les mêmes

grades et avoir accès aux mêmes carrières. La
véritable égalité, ce sera uniquement celle-là :
toute autre ne serait qu'apparente, et on lui ferait
violence, juste alors qu'on la proclame, en créant
entre les titulaires d'un même grade des catégories qui seraient contradictoires par elles-mêmes
avec l'unité de leur diplôme. Certes, cette égalité
de droits n'empêchera pas qu'en fait certains
n'éprouvent plus de difficultés que d'autres à pour-
suivre honorablement leurs études, et nous avons
exprimé à cet égard les réserves de la Faculté.
Mais, si ses craintes ne font pas écarter les projets
sur lesquels elle est consultée, il serait par trop
piquant qu'on vînt ensuite s'en prévaloir pour re-
pousser les conséquences rationnelles d'une assimilation dont ce n'est pas nous qui prenons l'initiative. Et ce sera, après tout, à ceux en faveur
de qui on décrétera l'égalité, à justifier qu'ils en
en sont dignes, en prouvant que, malgré les lacu-
nes de leur instruction préparatoire, ils sont réellement aptes à faire leurs études de droit.

Cependant, me sera-t-il permis d'ajouter, en
mon nom personnel, qu'il y aurait peut-être eu
pour les leur faciliter quelque chose à faire? Au
lieu de chercher du côté de la création de grades
nouveaux, dont le besoin ne se fait aucunement
sentir, il me semble qu'on aurait pu et dû plus
que jamais organiser cette année préparatoire,
qui est dans le vœu d'excellents esprits depuis
déjà longtemps, et du haut de laquelle nos élèves
jetteraient un regard d'ensemble sur la champ de
la connaissance, avant d'en faire pied à pied la
conquête. Il est impossible, en effet, de ne pas être
frappé des difficultés qu'éprouvent les jeunes gens,
au sortir de l'enseignement secondaire, à se former à des études pour eux si nouvelles, et dont
ils n'étaient même pas parvenus le plus souvent à
concevoir l'objet propre avec exactitude. Au mi-

lieu du choc des idées, de la contradiction des
systèmes, de l'entrecroisement des principes et de
la diversité des méthodes applicables aux différentes disciplines, c'est vainement qu'ils cherchent
autour d'eux un point d'appui, tandis que chaque
jour les connaissances se pressent comme des flots
sous le souffle de la haute mer et que beaucoup
mettent en jeu des règles auxquelles ils sont tenus
d'avoir foi, longtemps avant qu'elles ne puissent
leur être expliquées. Il appartiendrait au contraire à un enseignement synthétique bien conçu
de déterminer les cadres dans lesquels viendraient
se ranger toutes ces notions complexes, de poser
les principes généraux, et par là de planter les ja-
lons de la longue route que nos étudiants auront
à parcourir avec nous. Mais cette idée ne paraît
pas encore mûre, et ce n'est qu'à titre individuel
qu'on m'a donné licence d'y arrêter une fois de
plus votre attention : elle mériterait d'autant
mieux de la retenir actuellement que l'année préparatoire permettrait précisément de créer un
contact intellectuel entre les différentes catégories
de bacheliers, de les réunir tous ensemble dans
le vestibule de la science, et de les former tous
déjà, en dépit de leur diversité d'origine, à la
même méthode.

Faut-il enfin, Messieurs, défendre le *statu quo*
par une considération d'ordre utilitaire ? Peut-
être, en effet, le résultat le plus clair de la réorganisation dont il est question serait-il d'apporter
de nouveaux retards au plein achèvement d'une
organisation qui existe déjà, celle-là, et qui, par
surcroît, a fait ses preuves. On voudra bien ne
point oublier qu'il n'est pas encore une seule Faculté de province qui soit dotée de tous les enseignements prévus par le plan du doctorat politique
et économique. La nôtre ne soupire-t-elle pas,
toujours en vain, notamment après l'institution

de cours qui, comme celui de la science financière, sont cependant obligatoires, ou qui, comme ceux du droit public général et de la législation coloniale, ne le cèdent guère en importance aux précédents, malgré leur caractère facultatif? Et est-ce que l'enseignement de l'histoire des doctrines économiques ne devrait pas être doublé de celui des faits, dont les premières ne sont le plus souvent que des généralisations? Mais, si l'insuffisance des ressources budgétaires est la seule cause qui s'oppose à ce qu'on couronne par ces créations un édifice déjà aux trois quarts élevé, le mieux nous paraît être qu'avant d'entreprendre de nouvelles constructions, on affecte les recettes nouvelles qu'on escompte à compléter celui-ci.

Votre Commission vous propose donc, Messieurs, de conclure à ce que, si l'on décide que les bacheliers doivent tous avoir accès dans nos Facultés, ils y soient tous soumis au même régime et voient s'ouvrir tous également devant eux les mêmes carrières. Si désireux que vous soyez d'épargner à l'enseignement supérieur la déplorable instabilité des programmes, vous n'auriez pas craint d'introduire dans votre plan d'études des complications nouvelles, s'il vous avait été démontré qu'il y avait réellement à faire face à des besoins nouveaux. Mais vous ne sacrifierez pas bénévolement les précieux avantages de l'unité et de la simplicité, pour donner des sanctions inégales à des grades qu'on veut égaux. Et rien n'est venu prouver, à notre sens, qu'en s'inspirant de la logique, votre respect pour cette égalité, si discutable qu'elle vous paraisse, ne soit pas encore ce qui sert le mieux à la fois les intérêts de la science et ceux du bien public.

A la suite de ce rapport, la Faculté discute les diverses propositions qui y sont contenues.

A l'unanimité moins deux voix le maintien du *statu quo* est voté.

La proposition d'instituer une double licence est rejetée à l'unanimité moins une voix.

La proposition d'organiser de nouveaux cours d'option, soit en 2e et en 3e année, soit en 3e année seulement, est également repoussée à l'unanimité moins une voix.

TOULOUSE. — IMP. A. CHAUVIN ET FILS, RUE DES SALENQUES, 28.

www.ingramcontent.com/pod-product-compliance
Lightning Source LLC
Chambersburg PA
CBHW050438210326
41520CB00019B/5982